Matéria
e espírito

Matéria e espírito

Joel Gracioso

FILOSOFIAS: O PRAZER DO PENSAR
Coleção dirigida por
Marilena Chaui e Juvenal Savian Filho

wmf **martinsfontes**
São Paulo 2012

Copyright © 2012, Editora WMF Martins Fontes Ltda.,
São Paulo, para a presente edição.

1ª edição 2012

Acompanhamento editorial
Helena Guimarães Bittencourt
Revisões gráficas
Letícia Braun
Marisa Rosa Teixeira
Edição de arte
Katia Harumi Terasaka
Produção gráfica
Geraldo Alves
Paginação
Moacir Katsumi Matsusaki

Dados Internacionais de Catalogação na Publicação (CIP)
(Câmara Brasileira do Livro, SP, Brasil)

Gracioso, Joel
   Matéria e espírito / Joel Gracioso. – São Paulo : Editora WMF
Martins Fontes, 2012. – (Filosofias : o prazer do pensar / dirigida
por Marilena Chaui e Juvenal Savian Filho)

   ISBN 978-85-7827-585-3

   1. Espírito e corpo 2. Materialismo (Filosofia) I. Chaui,
Marilena. II. Savian Filho, Juvenal. III. Titulo. IV. Série.

12-05917   CDD-128.2

Índices para catálogo sistemático:
1. Homem : Matéria e espírito : Filosofia   128.2

Todos os direitos desta edição reservados à
Editora WMF Martins Fontes Ltda.
Rua Prof. Laerte Ramos de Carvalho, 133 01325.030 São Paulo SP Brasil
Tel. (11) 3293.8150 Fax (11) 3101.1042
e-mail: info@wmfmartinsfontes.com.br http://www.wmfmartinsfontes.com.br

SUMÁRIO

Apresentação • 7
Introdução • 9

1. Epicuro e a estrutura da realidade • 19
2. O Barão de Holbach e o sistema da Natureza • 26
3. Santo Agostinho e o primado da interioridade • 34
4. O espiritualismo de Henri Bergson • 49
5. Conclusão • 56

Ouvindo os textos • 59
Exercitando a reflexão • 67
Dicas de viagem • 73
Leituras recomendadas • 74

APRESENTAÇÃO
Marilena Chaui e Juvenal Savian Filho

O exercício do pensamento é algo muito prazeroso, e é com essa convicção que convidamos você a viajar conosco pelas reflexões de cada um dos volumes da coleção *Filosofias: o prazer do pensar.*

Atualmente, fala-se sempre que os exercícios físicos dão muito prazer. Quando o corpo está bem treinado, ele não apenas se sente bem com os exercícios, mas tem necessidade de continuar a repeti-los sempre. Nossa experiência é a mesma com o pensamento: uma vez habituados a refletir, nossa mente tem prazer em exercitar-se e quer expandir-se sempre mais. E com a vantagem de que o pensamento não é apenas uma atividade mental, mas envolve também o corpo. É o ser humano inteiro que reflete e tem o prazer do pensamento!

Essa é a experiência que desejamos partilhar com nossos leitores. Cada um dos volumes desta coleção foi concebido para auxiliá-lo a exercitar o seu pensar. Os temas foram cuidadosamente selecionados para abordar os tópicos mais importantes da reflexão filosófica atual, sempre conectados com a história do pensamento.

Assim, a coleção destina-se tanto àqueles que desejam iniciar-se nos caminhos das diferentes filosofias como àqueles que já estão habituados a eles e querem continuar o exercício da reflexão. E falamos de "filosofias", no plural, pois não há apenas uma forma de pensamento. Pelo contrário, há um caleidoscópio de cores filosóficas muito diferentes e intensas.

Ao mesmo tempo, esses volumes são também um material rico para o uso de professores e estudantes de Filosofia, pois estão inteiramente de acordo com as orientações curriculares do Ministério da Educação para o Ensino Médio e com as expectativas dos cursos básicos de Filosofia para as faculdades brasileiras. Os autores são especialistas reconhecidos em suas áreas, criativos e perspicazes, inteiramente preparados para os objetivos dessa viagem pelo país multifacetado das filosofias.

Seja bem-vindo e boa viagem!

INTRODUÇÃO
A realidade e sua estrutura

Desde os primórdios do pensamento filosófico, o ser humano interroga-se sobre a origem das coisas, seu princípio tanto no sentido do início como no sentido do substrato ou suporte que sustenta tudo o que existe.

Essa postura levou a perguntar: quando as coisas surgem, elas procedem de quê? E o que ocorre com os seres quando eles perecem? Que elemento primordial constitui todos os seres? Tudo o que existe pode ser reduzido a uma única substância ou há outra de natureza distinta? A realidade reduz-se ao que apreendemos pelos sentidos corpóreos? Se, por enquanto, sem maiores preocupações teóricas, considerarmos material aquilo que pode ser apreendido por nossos cinco sentidos, poderíamos falar de uma diferença entre "matéria" e "espírito". Mas, então, há espírito? Quer dizer, há uma dimensão da vida que não pode ser tocada pelos cinco sentidos, mas conhecida por outros meios? O espiritual seria o que não pode ser percebido fisicamente? Haveria uma oposição entre ambos?

Essas questões levam-nos a perguntar: o que é matéria? O que é espírito?

É preciso lembrar, já no início de nossa reflexão, que no mundo contemporâneo percebe-se uma tendência a questionar a legitimidade da categoria do "espírito", pois a maioria dos discursos científicos e filosóficos dá prioridade à "matéria" ou supõe como existente apenas o que é material, considerando o "espírito" algo ultrapassado.

Essa reflexão pode parecer demasiado abstrata, mas, para ver como é atualíssima e como nos toca de perto, basta lembrar que a maioria de nossas explicações científicas é baseada na postura que considera a existência somente da matéria. Isso pode ser visto tanto no aspecto ontológico-cosmológico como no antropológico. Da perspectiva ontológico-cosmológica, costuma-se situar na origem do universo uma matéria primordial, derivada de partículas elementares, com mudanças apenas na forma e na consistência, mas com uma composição que seria a mesma, pois toda matéria pressupõe prótons, nêutrons e elétrons, constituídos de quarks e neutrinos. No limite, tudo reduzir-se-ia a essa matéria primordial. No aspecto antropológico, isto é, na análise do fenômeno humano, a passagem da dimensão corpórea ao psiquismo não apresenta resistência para a maioria dos estudiosos, mas a transição do psiquismo à noção de espírito é constantemente questionada. Isso significaria que o ser humano é apenas material, sem dimensões espirituais (imateriais). Afinal, por exemplo, a capacidade de pensar – que seria o modelo mais claro de uma realidade espiritual ou imaterial – fica muito ou pouco comprometida quando o cérebro de um indivíduo sofre algum tipo de lesão, de modo que, segundo vários pesquisadores, se o ser humano pensa com o cérebro e se este é um órgão material, então o ato de pensar ou o pensamento e a faculdade mesma de pensar, isto é, a inteligência, são materiais. Logo, reduzem-se os chamados "atos espirituais" a meros fenômenos cerebrais.

Atendo-nos, porém, a essa visão antropológica, podemos perguntar: até que ponto sustenta-se do ponto de vista argumentativo a postura científica "materialista" (para a qual existe somente a matéria)? Não seria possível pensar a relação entre inteligência e cérebro de outro ângulo? Se a relação entre inteligência e cérebro for concebida não como uma relação causal, mas instrumental, perguntamos: não se pode dizer que a inteligência serve-se do cérebro para pensar, embora não pense "no" cérebro? O que nos daria base para afirmar, como faz grande parte dos cientistas, que o fato de o pensamento ocorrer por meio do cérebro significa que este é a causa do pensamento?

Para mostrar como a temática é complexa e estimulante, podemos adotar, ao contrário, a perspectiva instrumentalista, e veremos que também é possível explicar o pensamento de maneira diferente. Em comum com a perspectiva causalista, seríamos levados a dizer que a inteligência, para operar, necessita dos sentidos físicos e do cérebro, pois recebe destes o conteúdo elaborável como pensamento. Debruçando-se sobre o que lhe é fornecido, a inteligência, por sua capacidade de abstração, formaria conceitos, que seriam os elementos básicos do pensamento. Todo esse processo mostraria que a inteligência, por um lado, realmente não pode operar sem a ajuda do cérebro, mas apontaria, por outro lado, que o cérebro não é "seu" órgão, apenas algo usado por ela. Como consequência, poderíamos perguntar ainda: concebida dessa maneira, a inteligência não pode continuar existindo mesmo quando o cérebro for destruído?

Se considerarmos seriamente como hipóteses as conclusões que pudemos obter por essa rápida problematização das explicações antropológicas recentes, poderemos perguntar se muitos cientistas não são adeptos de um dogmatismo materialista cego. Afinal, crer que só existe aquilo que pode ser captado pelos cinco sentidos já seria suficiente para considerar provado que só existe o que pode ser captado pelos cinco sentidos?

Ora, explicar e discutir os conceitos de matéria e espírito, bem como a relação entre eles tanto no âmbito da concepção do ser como no da visão antropológica sempre foi um desafio para os pensadores. A palavra "matéria", em grego *hýle* e em latim *materia*, foi introduzida na reflexão filosófica por Aristóteles (385--322 a.C.) e adquiriu vários sentidos. O termo "espírito", em grego *pneûma* e em latim *spiritus*, também sofreu grande variação conceitual.

Para alguns pensadores, tudo o que é reduz-se a uma substância material, corpórea. Esse modo de pensar gerou os diversos tipos de corporalismos, sensismos ou materialismos presentes na história do pensamento humano. O corpóreo, o material, o sensível possuem o primado e a exclusividade na estrutura da realidade. A matéria seria anterior a tudo. Assim, o que se entende por incorpóreo (espiritual) ou não existiria ou seria mera evolução mais refinada da matéria. Por outro lado, outros pensadores dirão que tudo reduz-se a uma substância espiritual, incorpórea, proporcionando as diversas modalidades de espiritualismos observados no meio filosófico, os quais defenderão a supremacia do espiritual sobre o material, sendo o segundo uma manifestação mais densa do primeiro. Entretanto, esse debate não ficou restrito a essas opções filosóficas, pois existiram também aqueles que sustentavam a existência tanto do incorpóreo como do corpóreo, do material como do espiritual, respeitando a suposta especificidade de natureza de cada um e afirmando uma dualidade na realidade.

Ao analisarmos com mais rigor determinados termos, tais como "materialismo", perceberemos, todavia, que não é tão simples empregá-los para classificar os diversos sistemas filosóficos construídos no decorrer da História. Por exemplo, o materialismo de Epicuro não é idêntico ao materialismo dos estoicos; nem o materialismo de La Mettrie (1709-1751), que reduzia os fenômenos psicológicos aos mecanismos do corpo, é igual ao pensamento materialista sobre o mundo e a Natureza do Barão de Holbach. Percebe-se, então, que o mais correto seria falar em materialismos, no plural. O próprio termo "materialismo" aparece apenas em meados do século XVII, havendo, portanto, da parte de alguns estudiosos, certa resistência em aplicar esse termo ao pensamento antigo. Porém, ele é geralmente utilizado. Da mesma forma, devemos tomar cuidado com anacronismos quando falamos de "espiritualismo" ou rotulamos um pensador de espiritualista ou dualista.

Nesta nossa viagem reflexiva sobre a realidade, veremos que a abordagem dessas indagações sobre a matéria e o espírito, o corpóreo e o incorpóreo etc. possui aspectos tanto ontológicos como epistemológicos, antropológicos e psicológicos. Ou seja, ao investigar tais temas, o aspecto central do ser e da constituição da realidade apresenta-se obrigatoriamente. Também se faz necessário estabelecer qual a via e o fundamento do conhecimento humano nessa tentativa de conhecer o real. Consequentemente, notamos que isso determina nossa concepção de ser humano e de suas estruturas fundamentais.

Vê-se, dessa maneira, que analisar o tema da matéria e do espírito, embora pareça uma tarefa apenas especulativa, possui também graves implicações existenciais, pois o modo como nos posicionamos no mundo depende de como concebemos o real e a nós mesmos. Afirmar, por exemplo, que tudo é matéria não tem a mesma repercussão interior e prática que entender que, além do corpóreo, há também algo que o transcende e é distinto dele por natureza. Nessas posturas envolvem-se preocupações muito distintas e mesmo possibilidades de autorrealização.

Movendo-nos pela tradição filosófica, vamos ouvir o que alguns pensadores clássicos têm a nos dizer sobre essas interrogações. Com base no que eles pensaram, convidamos você, caro leitor, a adotar uma atitude filosófica perante a temática.

Num primeiro momento, apresentaremos a perspectiva "materialista", tendo como referência a princípio um autor antigo e em seguida um pensador moderno. Assim, inicialmente abordaremos os princípios e implicações da filosofia de Epicuro e depois do Barão de Holbach. Num segundo momento, explicitaremos a perspectiva dualista e "espiritualista". Primeiramente a partir do pensamento de um autor do início do Medievo: Santo Agostinho. E, posteriormente, de um autor contemporâneo: Henri Bergson.

Boa leitura e reflexão!

1. Epicuro e a estrutura da realidade

Na Grécia Antiga, muitos filósofos dedicaram-se à questão do conhecimento da estrutura da realidade, de seu elemento constituinte, entre eles Epicuro (341--270 a.C.) e o assim chamado "epicurismo".

O epicurismo foi uma das grandes escolas helenísticas e contrapôs-se, principalmente, aos resultados da "segunda navegação" efetivada por Platão (429-354 a.C.). Para o fundador da Academia, se queremos de fato compreender as coisas ou a realidade, precisamos ir além daquilo que os sentidos nos ensinam, pois atrapalhariam a alma na sua busca de conhecimento, escondendo o verdadeiro modo de ser das coisas. Far-se--ia necessário, assim, ir das coisas sensíveis às ideias inteligíveis, pois a razão de ser das coisas, sua causa, estaria numa realidade suprassensível, espiritual, e não nas próprias coisas. Haveria, portanto, um percurso a ser realizado do sensível ao inteligível, do corpóreo ao incorpóreo, começando pela imagem que temos das coisas sensíveis e pela opinião que delas possuímos. Posteriormente, auxiliados pelas ciências matemáticas e pela dialética, seria necessário efetivar raciocínios até atingir a ciência verdadeira que consistiria na contemplação intelectual das Formas ou Ideias eternas e imutáveis, cuja natureza é diferente das coisas sensíveis e corpóreas. Com esse modo de pensar, Platão mostraria que a realidade não se reduz ao sensível e corpóreo; haveria algo que está para além das aparências físicas, transcendente, e que é o fundamento e o princípio das próprias coisas sensíveis e corporais.

Ora, para Epicuro essa maneira de conceber o mundo e a realidade é problemática e não expressa de fato o modo de ser das coisas. Ele defende, ao contrário, que a sensação ou os sentidos não nos enganam, mas são a fonte e o critério de verdade mais consistente, pois os raciocínios sozinhos, desvinculados da sensibilidade, levam-nos a algo vago, procedendo ao infinito e afastando-nos das coisas, em vez de ajudar-nos a compreendê-las.

Todo o seu pensamento sobre a natureza das coisas, ou seja, sua Física, estará, portanto, profundamente enraizado nesses pressupostos epistêmicos. Assim, no seu dizer, nada pode nascer do nada, pois, caso contrário, tudo poderia proceder contraditoriamente de qualquer coisa, por exemplo, seres humanos surgindo do mar. De maneira análoga, quando algo perece também não se dissolve no nada, porque, se assim fosse, nada mais existiria. Isso implica que o Todo ou o Cosmo, em sua totalidade, em seu substrato último, é perene, sempre foi e será como é agora.

Esse Cosmo ou o Todo é constituído de corpos e de vazio. A existência dos corpos é comprovada pela experiência sensível; e, a partir da garantia oferecida pela sensação, inferir-se-ia, pelo raciocínio, a realidade do intangível, o vazio, dado que, se o vazio ou o espaço não existisse, os corpos não estariam em um lugar nem teriam onde se mover. Todavia, é manifesto que se movem. Logo, é legítimo afirmar a existência dessa natureza imperceptível aos sentidos, sem que isso signifique nenhum tipo de dualismo ontológico, quer dizer, como se houvesse dois princípios para o ser, um visível e outro invisível.

É importante salientar que o Universo, segundo o epicurismo, constitui-se de corpos compostos de corpos menores e como que indivisíveis e imutáveis, os átomos. Estes, que possuem peso, figura e grandeza, são de fato o elemento, a substância constante das coisas, não permitindo que tudo se reduza ao não ser. No processo de perecimento das coisas, apenas os corpos compostos passam por tal dissolução, não os átomos. Porém, no contexto do epicurismo, a afirmação da existência dos átomos é muito mais um postulado, cuja ausência impossibilitaria a compreensão do mundo, do que uma evidência empírica. Tanto o espaço ou vazio como os átomos não são objeto de experiência direta, diferentemente dos corpos compostos.

Percebe-se, dessa maneira, que os átomos e o vazio são, como princípios, a semente ou o corpo gerador de tudo, a referência limite para algo ser e ser pensado. São os componentes últimos da Natureza, seus princípios, eliminando qualquer dimensão transcendente do princípio primordial das coisas e afirmando sua total imanência. Não haveria nada além deste Universo ou Todo constituído de corpos e vazio, pois seria uma contradição admitir que há algo transcendente, uma vez que o Todo não abarcaria mais a totalidade se houvesse algo fora dele. Os seres nascem de um processo de aproximação e atrito dos átomos, já que esses corpos indivisíveis possuem movimento eterno, deslocando-se em linha reta em todas as direções no espaço, conforme seu peso e colisões.

Podemos ver, então, segundo esse quadro, que a matéria para Epicuro é justamente esse substrato estável, constante de toda coisa gerada e perecível, portadora de corporeidade. Ora, se a realidade na totalidade é assim regida e estruturada, fica evidente que a alma, para o filósofo do Jardim, não será nada mais que um agregado de átomos ou algo corpóreo composto de partículas sutis, como o espírito ou sopro (*pneûma*), um fogo, um ar e um quarto componente sem nome cuja função seria mesclar os três primeiros. Logo, sendo material, ela seria mortal e dissipar-se-ia à mesma medida do corpo.

A partir dessa física materialista, Epicuro entende, enfim, ter colaborado para as pessoas desprenderem-se das superstições e crendices que lhes causam tanto sofrimento. Em sua *Carta a Meneceu*, ele expõe ao seu interlocutor que nunca é tarde ou cedo para se dedicar à Filosofia, pois afirmar isso seria o mesmo que reconhecer que já foi ou não chegou ainda a hora de ser feliz. Portanto, para Epicuro, é importante que o ser humano cuide daquelas coisas que o ajudam a atingir a felicidade. Para isso, é necessário colocar em prática determinados ensinamentos, a fim de libertar-se de certos medos que impedem o ser humano de sentir-se feliz. Primeiramente, é preciso ter uma concepção clara da realidade divina, não seguindo o juízo falso do povo que muitas vezes vê a divindade como uma realidade capaz de punir ou premiar os humanos. No dizer de Epicuro, isso não é possível, pois, embora os deuses existam, eles não possuem a capacidade de castigar ou exaltar.

Em seguida, faz-se necessário desvencilhar-se do medo da morte, isto é, da ideia de que na morte podemos ter uma experiência forte de sofrimento e dor. Ora, a experiência da dor pressupõe a possibilidade de ter sensações, pois, não havendo sensações, não é possível a presença de qualquer tipo de dor. Porém, só há sensação se estamos vivos; a morte é justamente a ausência total de qualquer sensação. Portanto, não há por que temer a morte; afinal, quando eu sou ou estou vivo, a morte não é, e, quando ela é, eu não sou mais, o que impossibilita qualquer tipo de sofrimento. O sábio percebe, dessa maneira, que morrer não é um mal e viver não é um peso. Ele procura aproveitar o que a sua existência pode lhe dar de melhor, realizar seus desejos, independentemente de ter uma vida longa ou curta. Ademais, percebe que há desejos naturais e outros inúteis. Entre os naturais, apenas alguns são necessários, e, entre estes, apenas alguns são fundamentais para a vida feliz.

Por conseguinte, sendo a finalidade da felicidade a saúde do corpo e a serenidade da alma, e também sendo o prazer o início e o fim da vida feliz, é preciso, segundo Epicuro, afastar-se do medo e da dor, procurando realizar todos os nossos desejos, mas com moderação, privilegiando não o prazer dos intemperantes ou o gozo dos sentidos. O prazer buscado é a ausência de sofrimentos físicos e de perturbações da alma. Assim, com base em seus pressupostos materialistas, Epicuro infere que a prudência, a moderação e a justiça são as condições para a vida feliz.

2. O Barão de Holbach e o sistema da Natureza

Paul Heinrich Dietrich, o Barão de Holbach (1723--1789), é um dos expoentes do pensamento iluminista. Inserido no contexto da filosofia das Luzes – cuja finalidade, como se dizia, era libertar as pessoas de todo tipo de obscurantismo, superstições e crendices (que seriam fruto das trevas da ignorância alimentada principalmente por determinados grupos da sociedade, como o Estado e a Igreja) –, procurará mostrar por que os seres humanos caíram nessas armadilhas e qual o meio mais eficaz para se desvencilhar dessas deturpações da realidade.

No entendimento de Holbach, a principal causa das confusões que se estabeleceram na mente humana e na sociedade, resultando na infelicidade, foi justamente o fato de os humanos ignorarem a Natureza. Esse desconhecimento teria gerado um conjunto enorme de preconceitos que acabaram norteando o modo de o ser humano ver a si mesmo e ao mundo. Levou, por exemplo, a fazer uma separação radical entre o homem físico e o homem moral, como se fossem duas realidades. Mas, na verdade, o que haveria de fato é apenas o homem físico.

O ponto central para explicar o desconhecimento da Natureza está em o humano ter se afastado da experiência, estabelecendo outros critérios na busca do conhecimento: a sua própria imaginação. Em vez de ser um físico, tornou-se um "metafísico", buscando a verdade e a felicidade fora do mundo visível, e acreditando, assim, em quimeras e fantasias. Porém, se o ser humano é obra da Natureza, se existe nela e está submetido às suas leis, então é nela que deve buscar os remédios para livrar-se desses males. É necessário, portanto, que o ser humano investigue a Natureza, entendida como o conjunto dos seres e dos movimentos, buscando conhecer sua estrutura, suas leis, seu modo de dar origem às coisas etc. E, para que esse conhecimento da Natureza ocorra, faz-se necessário que o ser humano supere toda desconfiança contra a sua razão, e esta seja guiada pela experiência.

Seguindo esse princípio, se o ser humano quer de fato conhecer a verdade sobre o mundo e sobre si mesmo, deve reconhecer que não existe nada além do grande todo da Natureza. A afirmação da existência de qualquer ser que esteja além da Natureza seria pura arbitrariedade e fantasia, de modo que seria preciso buscar no mundo a compreensão do próprio mundo e a felicidade que se almeja. Quando o ser humano erra é porque, de forma indevida, não se reportou à Natureza, nem às suas regras, nem à experiência. É contemplando o mundo visível que conseguimos entender a realidade em sua totalidade de maneira exata, para, então, superar concepções equivocadas, por exemplo, a ideia de que o ser humano, para além do seu corpo, seria portador de uma substância imaterial chamada de espírito ou alma.

O ser humano, como qualquer outro ser, estaria submetido às leis da Natureza e ao ciclo de transformações definido por ela. Tudo o que existe ou venha a existir é regido por um processo natural, material e imanente. Por um conjunto de combinações determinado pela própria Natureza, as coisas surgem e transformam-se.

Quando observamos o universo em seu conjunto, vemos nada mais e nada menos do que matéria e movimento, uma sequência enorme e constante de causas e efeitos. Temos condições de conhecer algumas causas, pois são apreendidas de forma direta pelos nossos sentidos. Outras não podemos conhecer porque agem sobre nós apenas pelos efeitos, não permitindo aos nossos sentidos ter uma relação direta. Mas o que é um movimento?

Para Holbach, o movimento é um esforço pelo qual um corpo muda ou tende a mudar de lugar. Por intermédio dele os corpos posicionam-se de forma distinta no espaço, e, assim, estabelecem-se relações entre as coisas e nós. É devido ao movimento que as coisas agem sobre os nossos sentidos e por isso conseguimos conhecer sua existência e julgar suas propriedades, distinguindo um ser de outro. Assim, podemos dizer que conhecemos algo na medida em que tivermos uma experiência sensível do objeto; caso contrário, não podemos dizer nada sobre essa coisa, pois ela não existe para nós.

Ora, tudo o que existe é capaz de receber e de transmitir movimentos múltiplos. No mundo natural estão presentes diversos movimentos que possibilitam às matérias organizar-se com uma diversidade enorme.

O que os seres são, seu lugar no mundo etc., é resultado justamente dessas diferentes combinações e diferentes propriedades das matérias. Assim, o homem é resultado de um conjunto de combinações de determinadas matérias possuidoras de atributos particulares que acabaram determinando o seu modo de ser, de agir e o seu lugar no mundo diferente dos outros seres.

Dessa forma, os nossos sentidos mostram-nos a existência do movimento em bloco, segundo o qual uma coisa na sua totalidade é levada de um lugar para outro. Mas há também um movimento interno e oculto, fruto da energia própria de um corpo, da ação e da reação das moléculas imperceptíveis da matéria que compõe o referido ser, a qual é apreensível somente à medida que observamos as mudanças manifestadas com o tempo nos corpos. Todavia, o importante é compreender que os dois tipos de movimento são de natureza material, e eles agem ou porque são colocados no corpo por algo diverso dele mesmo ou porque são espontâneos, quando emergem da própria estrutura intrínseca do corpo. As chamadas faculdades intelectuais presentes no ser humano – por exemplo, os pensamentos, as paixões, as vontades, aos quais só conseguimos perceber pelos efeitos perceptíveis que os seguem – seriam resultado de movimentos internos no plano da simples materialidade; consequências necessárias das suas propriedades, e não capacidades ou operações de uma substância imaterial.

Isso posto, percebe-se que, para o Barão de Holbach, nada está de fato em repouso; haveria na realidade uma presença constante de movimentos com leis invariáveis que regem a Natureza. Nada escaparia a essas leis do movimento. Cada ser agiria e mover-se-ia conforme seu modo peculiar de ser, isto é, de acordo com as leis que são inerentes à sua combinação natural. Da mesma maneira, a transmissão do movimento ou a ação de um corpo sobre outro também ocorreria a partir de leis necessárias.

De onde, porém, a Natureza teria recebido esse movimento? Dela mesma, pois fora dela não há nada. O movimento seria consequência do modo de ser da própria matéria, inerente a ela, pois ela se move a partir de uma energia que emana de si mesma.

O grande problema da tradição, no dizer de Holbach, teria sido pensar que os corpos só poderiam mover-se com a ajuda de uma causa externa, inferindo, assim, que a matéria era algo totalmente inerte por princípio. Teriam preferido supor a existência de ideias e causas transcendentes, em vez de ser fiéis ao que a observação sensível do mundo fornecia-lhes. Contudo, analisando e observando as diversas combinações dos vários elementos presentes no mundo, apreendemos que o movimento efetua-se, amplia-se e acelera-se na matéria sem a ajuda de uma realidade externa ou transcendente. Admitir uma causa externa que agiria sobre a matéria dando origem ao seu movimento pressuporia que ela passou a existir em determinado momento. Mas, segundo Holbach, não há nenhuma evidência empírica da criação da matéria, mas, sim, palavras que não explicam de fato a origem do universo. Atribuir a fabricação da matéria a um ser espiritual tornaria a explicação ainda mais difícil de sustentar, pois seria possível levantar a questão: como uma realidade que não é material poderia causar algo que é material?

Se a matéria é tudo aquilo que afeta os nossos sentidos de uma maneira qualquer, portadora de extensão, divisibilidade, impenetrabilidade, figurabilidade e mobilidade, então de que modo ela poderia ser causada ou movida por algo que não possui nem extensão nem corporeidade, já que o movimento pressupõe a ação de modificar um corpo em relação a outro no espaço?

Isso permitiria concluir, segundo o autor do *Sistema da Natureza*, que a matéria sempre existiu e se move desde toda a Eternidade, pois o movimento seria uma consequência necessária do seu próprio modo de ser, de suas propriedades intrínsecas.

Enfim, o materialismo do Barão de Holbach esvazia de sentido a noção de espírito como algo simples, indivisível, privado de extensão e invisível, pois como seria possível conceber algo nesses moldes se conhecer é sentir ou experimentar? Tal noção seria muito mais imaginária do que real. Portanto, não haveria nada além do mundo visível, constituído de matéria e movimento, levando, assim, à afirmação inexorável da necessidade do ateísmo e de compreender o espírito ou a alma como, no máximo, uma matéria sutil ou o próprio corpo considerado em uma das funções, principalmente a cerebral.

3. Santo Agostinho e o primado da interioridade

Agostinho de Hipona (também conhecido como Santo Agostinho, 354-430) redigiu uma obra que ficou conhecida como *Confissões*, na qual "confessa" seus pensamentos e suas memórias por meio de uma narrativa "autobiográfica" em que o estilo é o de um diálogo com Deus como numa grande oração marcada pelo louvor e por um duplo reconhecimento ("confissão"): o homem Agostinho – professor de retórica clássica, filósofo, cristão "convertido", teólogo – "assume" (reconhece) diante de Deus a responsabilidade por todos os atos de sua vida, bons ou maus, mas "assume" também (reconhece) que viu, em todos esses atos, a ação de Deus que o atraía para o Bem. Sua "autobiografia", portanto, não é como uma autobiografia moderna, em que os autores contentam-se em narrar suas vidas. A "autobiografia" de Santo Agostinho visa não apenas narrar fatos, mas explicitar o sentido de sua vida, evidenciando o polo que o atraía (Deus ou o Bem).

Em sua narrativa, Agostinho recorda os erros de sua infância e juventude, seu desinteresse pelos estudos clássicos e sua preferência pelo teatro, jogos, experiências sensuais e coisas "vãs". Ao mesmo tempo, relata seu encontro com o pensamento de Cícero, sua adesão à filosofia do maniqueísmo, sua fase cética, seu encontro com o platonismo e, por fim, com o pensamento de Paulo, o apóstolo de Jesus Cristo. Em toda essa narrativa percebe-se que as noções de trajetória, filosofar, busca, movimento, fim, são fundamentais no pensamento agostiniano. O ser humano seria um ser inquieto que, em sua vida, experimenta várias vivências e pode passar por diversas etapas: sensual, intelectual, ética etc. Todos os humanos viveriam, então, com o desejo de chegar a um fim (um bem), a um porto seguro que satisfizesse o seu coração e pusesse fim (termo) a essa busca. Mas qual seria esse fim?

Para Agostinho o único motivo que leva o homem a filosofar é o desejo de ser feliz e o que o torna feliz é a meta do Bem. Para o hiponense, a busca pela beatitude, que se apresenta como o Bem final ou supremo a ser possuído, é o que move o homem a querer sair da sua ignorância e atingir a Verdade.

Ele observa que todo ser humano tem um desejo natural de ser feliz, pois, se perguntarmos a qualquer pessoa se quer ser feliz, ela responderá que sim. Por meio de uma metáfora, na obra chamada *A vida feliz*, ele ilustra a vida humana como se ela fosse uma viagem num grande oceano, com vários tipos de navegadores. A terra firme é a pátria da bem-aventurança, a vida feliz, e o porto seria a Filosofia, que dá acesso a essa pátria. Alguns navegadores não vão muito longe da terra firme e, portanto, têm mais facilidade para retornar, pois não esquecem o caminho. Outros distanciam-se muito e acabam perdendo-se no meio das tempestades, pois não se lembram do caminho do retorno. Eles querem voltar, mas não conseguem por si mesmos. Além disso, há um rochedo que acaba atrapalhando ainda mais esses navegadores. Esse rochedo estaria bem perto da terra firme e seria o rochedo do orgulho. Alguns navegadores, ao chegar no rochedo, não aceitam a ideia de que devem continuar a viagem e instalam-se aí, pensando que já atingiram a pátria, mas sem dar-se conta de que estão numa terra de ilusão. Tomam a aparência como se fosse realidade e creem poder sentir-se satisfeitos aí. Essa metáfora mostra como o ser humano é um "ser de desejo" que está à procura da vida feliz, a beatitude. Nas *Confissões*, então, Agostinho toma sua narrativa autobiográfica como pretexto para falar não apenas de si, mas do homem em geral, das suas limitações e enfermidades e do seu desejo de encontrar a beatitude.

Quando Agostinho descreve seus erros e tropeços, ele pretende mostrar como, nas primeiras fases de sua busca, estava preso à exterioridade, voltado para fora de si, buscando a verdade e a beatitude no exterior, no mundo físico. Para ele, este voltar-se para a exterioridade tem uma conotação tanto ontológica como lógica e moral, quer dizer, era a exterioridade ou o mundo físico que lhe dava os parâmetros para compreender a realidade, o pensamento e a ação humana. Quais as implicações dessa atitude fixada no exterior do ser humano e na dimensão física do mundo?

Isso implica, necessariamente, assumir um pensamento "materialista", ou melhor, "corporalista". Tal pensamento leva o ser humano a conceber o ser apenas de forma corpórea, espacializada e física, ou seja, a pensar que qualquer coisa, para existir, necessita ter um corpo (uma porção de matéria). Por consequência, a noção de substância incorpórea ou espiritual (algo que exista mas seja ao mesmo tempo imaterial) torna-se insustentável dessa perspectiva. Além disso, os sentidos corpóreos passam a ser o principal veículo do conhecimento da verdade. Esse referencial ontológico, lógico e ético leva o ser humano a conceber Deus e a alma como realidades corpóreas e a buscar a vida feliz no corpóreo, nas coisas sensíveis, físicas. Tal atitude será considerada por Agostinho, do ponto de vista moral, a atitude de quem é dominado pelo orgulho. Vale lembrar que, ao escrever *A vida feliz* e *Confissões*, Agostinho já tinha tido a experiência de encontrar seu "porto seguro"; principalmente no caso das *Confissões*, quando já estava mais maduro pessoal e filosoficamente. Assim, é justamente por ver com mais clareza o itinerário percorrido que Agostinho equipara a atitude materialista ao orgulho, pois, da perspectiva de alguém que já percorreu o itinerário, ele considera essa atitude fruto da mente obscurecida pelo erro obstinado. Como Agostinho reencontrou a fé cristã em seu itinerário, ele emprega a linguagem religiosa nas *Con-

fissões e chama a atitude materialista de resultado da mente obscurecida pelo pecado (o erro); a mente de quem prefere o inferior em vez do superior; a mente de quem idolatra as criaturas em vez de adorar o criador.

Nessa fase materialista-corporalista, preso à exterioridade e dominado pela soberba, Agostinho vive o tempo e a História como um lugar de queda, erro e pecado. Predomina um pensamento caracterizado pela exterioridade e pela absolutização do sensível. Mas, ao mesmo tempo, sente-se profundamente insatisfeito tanto do ponto de vista psicológico como intelectual.

Psicologicamente, continua a experimentar o desejo de encontrar um bem que satisfaça sua busca da felicidade e, como exprime na *Vida feliz*, dá-se conta de que ninguém pode ser feliz sem ter o que deseja, mas, na mesma medida, ninguém pode ser feliz simplesmente tendo aquilo que quer, pois pode ter desejado mal e buscado bens que enganam, não propiciando a vida feliz, como, aliás, é o caso dos bens materiais, cuja abundância promete a felicidade, mas está impossibilitada de oferecê-la. Intelectualmente, Agostinho percebia que o material, o físico, embora dotado de valor, era transitório e não podia conter em si mesmo o próprio princípio de explicação. Assim, constatava que desejar as coisas não é algo mau em si; mas é equivocado desejar as coisas como se elas pudessem fornecer a felicidade absoluta. Por isso, Agostinho conclui que, se desejamos as coisas e as qualificamos como "boas" ao mesmo tempo que vemos que elas não são causas de si mesmas nem de sua "bondade", é preciso que haja um Bem supremo, fonte de todo ser e de toda bondade. Se ele não existir, não teremos a possibilidade de explicar o ser e a bondade de tudo o que existe. Em outras palavras, olhar para a Natureza ou o mundo é algo legítimo para explicar de que modo ela funciona, mas não para explicar o porquê ou o sentido de seu funcionamento. Para isso, é necessário ir além da Natureza.

Chegar ao Bem supremo, fonte de todo ser e de toda bondade, significa possuir o bem absoluto que pode oferecer a felicidade definitivamente, pois não pode ser perdido. Ele é o único bem cuja posse não permite que a preocupação humana continue, diante da possibilidade da perda. Como diz Agostinho, os humanos chamam "Deus" a esse bem. Portanto, o Bem supremo, a felicidade e Deus são sinônimos.

Ocorre que, para sair do materialismo-corporalismo e chegar à posse do Bem supremo, é preciso romper com o orgulho. É preciso ver que o físico não se explica por si mesmo, mas, principalmente, aceitar que a busca da verdade deve continuar para além daquilo que podemos controlar por meio das evidências sensíveis. Em outras palavras, é preciso haver uma "conversão" do intelecto e da vontade, ou seja, uma mudança de direção, assim como os gregos já falavam da necessidade de "converter o olhar". Insiste, então, Agostinho que, na busca da felicidade, é preciso ir do exterior para o interior.

Dessa maneira, para o pensador de Hipona é urgente ir além da exterioridade e adentrar, cada vez mais, o âmbito da interioridade. Ou seja, para atingir a beatitude que reside em Deus é preciso ir além do âmbito dos sentidos e interrogar o mundo e as coisas corpóreas a partir do espírito. Por quê?

Porque, segundo Agostinho, a obra da criação, em seu conjunto, diz constantemente que devemos amar a Deus. Isso quer dizer que as coisas sensíveis, as criaturas, apresentam-se aos nossos sentidos corpóreos como uma realidade bela que aponta para outra realidade mais perfeita, a própria Beleza, fonte de toda beleza das criaturas. Entretanto, se o mundo criado apresenta-se a todos, por que nem todos conseguem vê-lo como reflexo da Beleza do criador? Por que nem todos conseguem concluir pela existência de Deus por intermédio da contemplação do mundo, como Paulo afirmava ser possível na *Carta aos Romanos*?

Segundo o bispo de Hipona, não basta olhar e apreender o mundo por intermédio dos sentidos, pois ficar nesse nível seria escolher amar de forma absoluta aquilo que é relativo. Seria buscar fruir de uma beleza que deveria ser apenas usada como meio para atingir a origem de toda beleza. Ou seja, o mundo não se apresenta ao espírito como "signo" a não ser que o espírito o interrogue e efetue um juízo sobre as próprias criaturas que se apresentam a ele. Isso implica transcender o registro da exterioridade e adentrar o âmbito do homem interior, pois somente essa mudança de caminho e de registro permitirá ao ser humano encontrar uma nova lógica e uma nova ontologia distante do "materialismo". Portanto, atingir a Deus, Beleza verdadeira e fonte de toda beleza presente nos seres criados, pressupõe não mais abarcar as coisas apenas pelos sentidos externos, mas agora principalmente pela dimensão da interioridade e da intelecção. Dessa maneira, sim, a beleza das criaturas remeterá ao criador, passando, porém, pelo homem interior, com os olhos da alma. Estabelecida essa mudança, Agostinho chegará a ver uma realidade transcendente e imutável.

Tal realidade está acima de nós, de nossa mente, não como o céu sobre a terra, pois essa justaposição pressuporia uma espacialidade e exterioridade, o que implicaria continuar num referencial materialista-corporalista. Ela "está acima" porque se identifica com quem nos fez, e nós "estamos embaixo" porque fomos feitos por ela: se existimos é porque ela nos fez existir; não existíamos, mas passamos a existir devido a uma intervenção dela. Logo, não está em nós a nossa razão de ser, mas naquela que nos fez. Encontrando-a, encontramos o próprio Deus.

Vemos, assim, que, para Agostinho, esse movimento ao interior equivale também a um movimento ao superior. Supera-se, a partir da inspeção do espírito, toda multiplicidade, espacialidade e dispersão, encontrando o uno, o divino, a beatitude almejada, a Beleza primeira, porque não se está mais no plano da exterioridade, onde vários seres nos retêm a atenção, mas no plano do recolhimento e, por conseguinte, de uma unidade não espaçotemporal. Isso implica, segundo o autor das *Confissões*, na necessidade de aprofundar-se nesse movimento interiorizante. É preciso buscar o conhecimento de si e de Deus a fim de o próprio espírito perceber que, ao mesmo tempo que ele julga as coisas criadas, ele também é julgado por uma realidade ou verdade que o ensina, está nele, mas simultaneamente o transcende. Todavia, como essa presença é possível? Para Agostinho, é justamente a análise criteriosa da memória, com sua estrutura, capacidades e conteúdos, que permitirá responder a essa questão.

A riqueza do mundo interior e a imensidade da memória psicológica revelam-se nessa trajetória de inspeção do homem interior, levando Agostinho a exaltar a grandiosa e infinita capacidade da memória. Todavia, a inspeção minuciosa da memória, num primeiro momento pelo menos, parece não colaborar na busca de Deus nem na superação do "materialismo", pois acaba gerando determinados paradoxos, por exemplo, a necessidade de transcender a própria memória. Assim, por mais que a memória seja grandiosa, não se encontra nela a presença de Deus. Ademais, ela também não revela a especificidade humana porque outros animais também a possuem. Logo, é preciso ir além dela. Por outro lado, se vou além da memória para encontrar a Deus ou a beatitude, isso implicaria a possibilidade de encontrar Deus fora da memória. Mas, se algo está fora da memória, é porque foi esquecido, e, se não me recordo de Deus, como posso encontrá-lo?

Com base em um referencial e pressuposto platônico, analisando a problemática do conhecimento como "reconhecimento", Santo Agostinho procura evidenciar por que não é possível encontrar a beatitude fora do âmbito da memória. Porém, não mais a partir da memória psicológica ou do passado, e, sim, de outra memória, a do presente. Entretanto, como Agostinho deduz e fundamenta a existência de uma memória do presente?

O pressuposto do desejo universal da felicidade e de sua relação com a verdade, por meio da concepção platônica do conhecimento e da participação, faz emergir uma *memoria dei* (memória de Deus). A partir dessa realidade metafísica, o autor das *Confissões* estabelecerá a diferença entre "memória do passado", de cunho mais psicológico, e "memória do presente", de aspecto mais ontológico.

A partir desse quadro teórico, Agostinho parece conseguir, então, retomar a possibilidade do conhecimento de Deus e, por conseguinte, da vida feliz, exortando apenas sobre a condição da realidade humana após o pecado de Adão, os perigos exteriores e interiores que podem atrapalhar o ser humano em sua trajetória rumo à beatitude. Por isso tudo, insiste também na necessidade da mediação de Cristo para a obtenção da verdade e da felicidade.

Para o bispo de Hipona, como ele já expõe desde as primeiras páginas das *Confissões*, há um abismo entre o divino e o humano, devido ao pecado. Antes de pecar, a realidade humana era diferente, com referência seja à vontade seja à razão. Após o pecado, a natureza humana não se encontra mais da maneira como foi feita originalmente por Deus. Tanto é assim que Agostinho prefere falar em "condição" humana após a queda original. Entretanto, apesar de sua condição pecadora, o ser humano quer conhecer sua origem, encontrar seu criador; quer louvá-lo, e, por causa disso, possui uma inquietude que só cessará quando ele repousar em Deus. Assim, a criatura humana possuiria um desejo natural de Deus que se traduz, segundo Agostinho, em desejo de ser feliz e de encontrar a verdade. Devido a essa situação, o ser humano começa a fazer uma trajetória de busca da beatitude e de retorno ao seu princípio originário. Todavia, nessa peregrinação, o homem encontra perigos, seja nos seus sentidos (visão, audição, olfato, paladar, tato), seja no seu mundo interior (a curiosidade, a vanglória, o orgulho), podendo ser desviado de sua meta. Tudo isso mostra, na realidade, a miséria humana e suas limitações após o pecado de Adão. O ser humano, graças à sua condição viciada, não pode atingir sozinho a vida feliz ou retornar ao seu criador. Isso implica, portanto, a necessidade de uma mediação. Impõe-se, assim, a exigência do mediador, alguém que possa ligar o humano ao divino. Para Agostinho, trata-se de Jesus Cristo, Verbo divino encarnado, Homem-Deus que pode religar a humanidade à divindade.

Dessa maneira, tendo a memória a função de explicar a possibilidade da presença de uma verdade imutável no interior do próprio homem, não pode ser apenas memória do passado, de perfil psicológico, mas deve ser também, necessariamente, memória do presente, de cunho ontológico. A partir daí, o autor das *Confissões* consegue estabelecer uma nova filosofia e uma concepção da realidade distinta da que ele tinha, demonstrando a impossibilidade do pensamento materialista. Nessa trajetória, o próprio espírito precisa tomar ciência do seu lugar na obra da criação e, por isso, olhar para si mesmo de forma mais íntima, apreendendo sua mutabilidade e dependência ontológica, gnosiológica e ética em relação ao criador. Quer dizer, o espírito humano percebe que, para ser (existir), conhecer e agir bem, pondo-se no rumo da felicidade e atingindo-a, deve remeter diretamente a existência de tudo a Deus e pôr-se em relação interpessoal com ele, segundo a mediação crística. Dessa maneira, verá que, se por um lado julga as coisas externas, por outro é julgado por uma verdade ou realidade que está nele mas ao mesmo tempo o transcende e é de outra natureza.

4. O espiritualismo de Henri Bergson

Henri Bergson (1859-1941) é um dos grandes expoentes do pensamento contemporâneo, principalmente na vertente à que se costuma chamar "espiritualismo francês" ou também "filosofia da vida". Na época em que viveu, o pensamento materialista estava muito presente, tanto no âmbito da cosmologia e ontologia como no da Psicologia. Procurava-se explicar não apenas o Universo e o ser em geral a partir da matéria, mas também o psiquismo humano. Nesse caso, a vida psíquica era descrita somente nos termos de um fisiologismo puro, donde se extraía a conclusão de que a liberdade era uma grande ilusão e apenas o determinismo tinha coerência explicativa para os fenômenos humanos. O discurso científico positivista extremado e seu método ganhavam, cada vez mais, valor e poder, especialmente numa cosmovisão mecanicista da realidade.

Em sua juventude, Bergson teve forte ligação com o pensamento de Herbert Spencer (1820-1903), adepto do darwinismo e de um certo tipo de mecanicismo. Afasta-se posteriormente, porém, dessa corrente de pensamento, questionando como devemos realmente compreender a relação entre corpo e espírito, vida e matéria, escolha e determinismo, apontando para as insuficiências de uma leitura materialista de tais questões.

Mas é interessante notar como Bergson apresenta uma tentativa de "entender" a postura materialista, pois, no seu dizer, há uma tendência natural do ser humano ao materialismo, visto que, pelo processo evolutivo, a vida manifestou-se em várias direções, entre elas a inteligência presente no homem, sendo inerente a esta querer dominar a matéria, agir sobre coisas materiais e espaciais, no intuito de manter a própria vida humana. Porém, a inteligência analisa a realidade fazendo recortes fixos, estabelecendo conceitos mediante critérios espacializantes, assim como ocorre num filme cinematográfico, que, embora exprima movimento, na realidade é algo imóvel; trata-se de uma série de momentos fotografados e expostos tão rapidamente, que produz a ilusão de continuidade dinâmica no espectador. De modo análogo, nossa inteligência parece apreender a realidade no seu íntimo; porém, o que ela capta são estados, situações, e não a continuidade e fluidez do real, ou seja, o tempo, a duração.

Dessa maneira, temos um problema em nossa atitude cognitiva diante da realidade: pensamos a realidade a partir do espaço e de seus critérios, mas é a temporalidade (a condição do tempo) que constitui o substrato do real. E, do ponto de vista da história da Filosofia, essa sobreposição do espaço causou um grave prejuízo do tempo como experiência explicativa, de modo que este, o tempo, seria como que o grande esquecido ou incompreendido dos autores.

É por isso que, muitas vezes, segundo Bergson, as questões filosóficas transformaram-se em paradoxos insolúveis, por exemplo, a relação entre mente e cérebro, corpo e espírito. Tentou-se entender o inextenso (aquilo que não parece dotado de corporeidade ou materialidade) como se fosse algo extenso (dotado de corporeidade ou materialidade). Faz-se necessário, portanto, mudar nossa atitude cognitiva diante do mundo e não seguir aplicando ao campo do pensamento categorias físicas espacializantes. Mas, então, como se deve entender a relação entre corpo e espírito, mente e cérebro?

Em uma de suas grandes obras, *Matéria e memória*, Bergson discute essa questão primeiramente com base em uma análise das insuficiências tanto do realismo quanto do idealismo. O primeiro, ao refletir sobre a relação do mundo exterior com a representação mental, privilegia as coisas, entendendo assim a mente e seus conteúdos como um efeito presente no sujeito cognoscente. O segundo estabelece o primado da ideia e, a partir disso, tenta inferir o material. Todavia, tanto uma como outra corrente filosófica possuem dificuldades para conferir uma base ontológica real ao ponto do qual a reflexão não parte.

A estratégia bergsoniana para evitar as aporias desse dualismo tradicional (realismo *versus* idealismo) é mostrar que memória e cérebro não são realidades de mesma ordem e natureza, embora sejam intimamente interligadas. Quando se analisa a relação entre memória e cérebro, segundo Bergson, percebe-se que, na medida em que não é possível localizar de forma precisa as lembranças no cérebro, isso mostra que a memória não é nem está no cérebro. Por outro lado, ainda que não possamos afirmar categoricamente que o cérebro não é necessário para conservar as lembranças, ele se torna imprescindível na evocação dessas lembranças.

Assim, sendo a memória aquilo que indica o conjunto do passado e sua presença no presente, o cérebro é o órgão que ajuda a fazer essa atualização das lembranças, selecionando-as conforme a necessidade da ação no presente. O cérebro seria, portanto, um órgão da ação, não permitindo que a consciência seja invadida pelo passado inteiro, perdendo sua concentração para a vida.

As doenças da memória confirmariam justamente essa distinção. Os estudos da afasia mostram que as lembranças vão "além" do cérebro; elas estariam "situadas" no espírito, pois há pessoas que sofreram algum tipo de lesão no cérebro e, apesar desse quadro clínico, mantêm a memória preservada. Da mesma maneira, algumas pessoas que não possuíam nenhuma disfunção cerebral apresentaram perda de memória. Isso mostra, portanto, que a memória (consciência/alma) possui certa autonomia com relação ao corpo; e o que é alterado pela doença são justamente os mecanismos de evocação e reconhecimento das lembranças. Estas não somem, mas é a debilidade cerebral que impossibilita que elas exerçam suas funções comuns.

Dessa maneira, parece equivocado fazer uma identificação absoluta entre cérebro e mente. A consciência certamente depende do cérebro, mas, da mesma forma que um casaco cai com um prego no qual estava pendurado, sem com isso demonstrar que o casaco e o prego são a mesma coisa, da mesma maneira o fato de a consciência depender do cérebro para algumas coisas não nos autoriza a efetivar uma identificação e um paralelismo entre os dois.

Por isso, Bergson repensa o dualismo realismo-idealismo (ou matéria e memória) estabelecendo, segundo alguns comentadores, um "dualismo metodológico" que pensa agora a partir de duas tendências, a de tensão e a de distensão. A manifestação do espírito dá-se não apenas de uma maneira, mas em níveis diversificados. "Onde" há mais tensão temos a presença da função mais sublime, que é justamente a pura reflexão, ao passo que, havendo mais distensão, tem-se o nível mais simples, presente na matéria e no espaço. A consciência, dessa perspectiva, em seus diversos estados e etapas, procura ser uma síntese entre corpo e alma ou matéria e espírito. No processo da evolução, conforme o estágio atingido, a memória ou espírito vai mais ou menos se materializando.

Enfim, esse modo de pensar o tema da matéria e da memória, ou do corpo e do espírito, ou ainda do cerebral e do mental, implica uma mudança na própria forma de buscar o conhecimento. Portanto, para fazer Filosofia no sentido bergsoniano é necessário efetivar um movimento "antinatural", aproximando-se da realidade a partir de outras formas mais imediatas. A inteligência, fabricadora de conceitos e categorias rígidas, continua tendo o seu lugar e valor do ponto de vista prático, da mesma maneira que o saber científico, fruto dela. Porém, a intuição ganhará uma importância fundamental, pois, por seu intermédio, podemos ter acesso à essência do real, o tempo, a duração, evitando, assim, cair em determinadas armadilhas nas quais a tradição filosófico-científica teria caído.

5. Conclusão

Após a abordagem de um tema tão clássico como a relação entre matéria e espírito a partir de referenciais teóricos de peso singular na história da Filosofia, a melhor conclusão talvez seja, em primeiro lugar, perceber justamente a importância de evitar todo tipo de leitura ingênua e apressada. Assim, o tema da matéria e do espírito, segundo os autores mencionados, mostra-se algo não tão simples de ser abordado. No mundo contemporâneo, devido a um interesse cada vez maior pela "filosofia da mente" e da consciência, inclusive estimulado pelo surgimento de inteligências artificiais, esse tema está muito presente nos debates filosóficos.

Muitos querem explicá-lo analisando a problemática do espírito a partir de considerações da dimensão pragmática da linguagem ou reduzindo os fenômenos mentais a estados biológicos. Outros defendem o paralelismo de duas substâncias.

Compreender as atividades mentais como meros epifenômenos de uma atividade do corpo, todavia, parece hoje algo não tão fácil de afirmar. Da mesma maneira, pensar um dualismo rígido no qual cada substância não teria nenhuma relação uma com a outra também é algo muito delicado.

Talvez o desafio esteja em conciliar a dimensão física, material, que possui suas estruturas e leis próprias, com a dimensão da subjetividade, o mundo interior, que também apresenta suas peculiaridades. A dimensão da interioridade do conhecimento continua a desafiar toda interpretação mecanicista do fenômeno humano.

Por um lado, a realidade é regida por leis determinantes. A Natureza tem sua própria estrutura e modo de ser, aí incluído o ser humano. Quando de fato nos aproximamos da realidade, a dimensão física, material, manifesta-se e dá-se a conhecer de forma muito intensa. Por isso, vemos que o conhecimento humano tem uma dimensão sensível e está profundamente ligado ao trabalho dos sentidos corpóreos. Por outro lado, parece haver também no ser humano determinadas capacidades, como a consciência de si mesmo, a percepção do universal, a linguagem simbólica conceitual etc., que levam muitos a questionar-se sobre a exigência de admitir certa dimensão espiritual no ser humano.

Faz-se necessário, portanto, observar e analisar de maneira criteriosa a realidade humana, principalmente as diversas ações efetivadas pelos indivíduos e grupos, a fim de ver até que ponto a mera materialidade e suas virtualidades conseguem explicar todos esses atos. Falou-se muito, principalmente nas décadas de 1950--1970, que o agir humano devia ter precedência sobre o ser, quando se tratava de responder à pergunta pelo o que é o ser humano. Assim, o agir revelaria o ser. Hoje, diante das diferentes possibilidades explicativas e dos avanços científicos, talvez fosse interessante levar a sério esse princípio segundo o qual o agir revela o ser. Mas, então, acabamos por voltar à pergunta clássica: o que é o ser? A partir da ação humana ou do comportamento da Natureza teremos a coragem de repropor a nós mesmos essa pergunta?

OUVINDO OS TEXTOS

Texto 1. Epicuro (341-270 a.C.), *Uma "física materialista"*

Também o universo é corpo e espaço: com efeito, a sensação testemunha em todos os casos que os corpos existem e, conformando-nos com ela, devemos argumentar com o raciocínio sobre aquilo que não é evidente aos sentidos. E se não existisse o espaço, que é chamado vazio, lugar e natureza impalpável, os corpos não teriam onde estar nem onde mover-se.

*

Alguns corpos são compostos, e outros, elementos dos compostos; e estes últimos são indivisíveis e imutáveis, visto que é forçoso que alguma coisa subsista na dissolução dos compostos; se assim não fosse, tudo deveria dissolver-se em nada. São sólidos por natureza, porque não têm nem onde nem como dissolver-se. De maneira que é preciso que os princípios sejam substâncias corpóreas e indivisíveis.

*

[...]
Os átomos têm uma inconcebível variedade de formas, pois que não poderiam nascer tantas variedades se as suas formas fossem limitadas. E, para cada forma, são absolutamente infinitos os semelhantes, ao passo que as variedades não são absolutamente infinitas, mas simplesmente inconcebíveis.

*

E deve supor-se que os átomos não possuem nenhuma das qualidades dos fenômenos, exceto forma, peso, grandeza e todas as outras que são necessariamente intrínsecas à forma. Porque toda a qualidade muda, mas os átomos não mudam, visto que é necessário que na dissolução dos compostos permaneça alguma coisa de sólido e de indissolúvel que faça realizar as mudanças, não no nada ou do nada, mas sim por transposição.

*

[...]
Os átomos encontram-se eternamente em movimento contínuo, e uns se afastam entre si uma grande distân-

cia, outros detêm o seu impulso, quando ao se desviarem se entrelaçam com outros ou se encontram envolvidos por átomos enlaçados ao seu redor. Isto o produz a natureza do vazio, que separa cada um deles dos outros, por não ter capacidade de oferecer resistência. Então a solidez própria dos átomos, por causa do choque, lança-os para trás, até que o entrelaçamento não anule os efeitos do choque. E este processo não tem princípio, pois são eternos os átomos e o vazio.

> EPICURO. *Antologia de textos*. Trad. Agostinho da Silva. São Paulo: Abril Cultural, 1973, pp. 23-4 (Coleção Os Pensadores).

Texto 2. Santo Agostinho (354-430), *A superação do materialismo-corporalismo*

[Fala de Agostinho a Deus, que até então era concebido como corpóreo e difuso pelo Universo:]
Estava já morta a minha adolescência, má e abominável, e entrava na juventude, quanto mais velho em idade, tanto mais abjecto em futilidade, de tal modo que não me era possível conceber uma substância a não ser

aquela que se costuma ver com estes olhos do corpo. [...] Deste modo, embora não te concebesse sob a forma de um corpo humano, era todavia levado a conceber alguma coisa de corpóreo espalhado pelos espaços, quer imanente ao mundo, quer difuso para além do mundo, pelo infinito, e que fosse justamente isso o incorruptível, e o inviolável, e o imutável que eu antepunha ao corruptível, e ao violável, e ao mutável; porque tudo aquilo que eu privava de tais espaços parecia-me ser o nada, mas o nada absoluto, nem mesmo o vazio, como quando se tira um corpo de um lugar e fica o lugar esvaziado de qualquer corpo, seja ele da terra, da água, do ar ou do céu, mas todavia há um lugar vazio, como se fosse um "nada espaçoso". [...] E, admoestado a voltar daí para mim mesmo, entrei no mais íntimo de mim, guiado por ti, e consegui, porque te fizeste meu auxílio. Entrei e vi com o olhar da minha alma, seja ele qual for, acima do mesmo olhar da minha alma, acima da minha mente, uma luz imutável, não esta vulgar e visível a toda carne, nem era uma maior como que do mesmo gênero, como se ela brilhasse muito e muito mais claramente e ocupasse tudo com a sua grandeza. Ela não era isto mas outra coisa, outra coisa muito diferente de todas essas, nem tampouco estava acima de minha mente como o azeite sobre a água, nem como o céu sobre a terra, mas era superior a mim, porque ela própria me fez, e eu inferior, porque feito por ela. [...] E reconheci que por causa da iniquidade corrigiste o homem e fizeste consumir-se a minha alma como uma aranha, e disse: "Porventura nada é verdade, já que ela não está difundida pelos espaços dos lugares, nem finitos nem infinitos?" E tu clamaste de longe: "Pelo contrário, eu sou o que sou." E ouvi, tal como se ouve no coração, e já não havia absolutamente nenhuma razão para duvidar, e mais facilmente duvidaria de que vivo do que da existência da verdade, a qual se apreende e entende nas coisas que foram criadas.

> SANTO AGOSTINHO. *Confissões* VII, I, 1; X, 16. Trad. Arnaldo do Espírito Santo, João Beato, Maria Cristina Castro-Maia de Sousa Pimentel. Lisboa: Imprensa Nacional & Casa da Moeda, 2004, pp. 265-7, 295-7.

Texto 3. Barão de Holbach (1723-1789), *A matéria, suas combinações e seus movimentos*

Nós não conhecemos os elementos dos corpos, mas conhecemos algumas de suas propriedades ou qualidades e distinguimos as diferentes matérias pelos efeitos ou mudanças que elas produzem sobre os nossos sentidos, ou seja, pelos diferentes movimentos que sua presença faz nascer em nós. Encontramos nos corpos, por conseguinte, a extensão, a mobilidade, a divisibilidade, a solidez, a gravidade e a força de inércia. Dessas propriedades gerais e primitivas decorrem outras, tais como a densidade, a figura, a cor, o peso etc. Assim, relativamente a nós, a matéria em geral é tudo aquilo que afeta os nossos sentidos de uma maneira qualquer, e as qualidades que atribuímos às diferentes matérias são fundamentadas nas diferentes impressões ou nas diversas mudanças que elas produzem em nós mesmos. Até hoje não foi apresentada uma definição satisfatória da matéria. Os homens, enganados pelos seus preconceitos, não tiveram sobre ela senão noções imperfeitas, vagas e superficiais. Consideraram-na um ser único, grosseiro, passivo, incapaz de se mover, de se combinar, de produzir qualquer coisa por si mesmo. [...] Por pouco que consideremos os caminhos da natureza, por pouco que sigamos os seres nos diferentes estágios pelos quais, em razão de suas propriedades, eles são forçados a passar, reconheceremos que é apenas ao movimento que são devidas as mudanças, as combinações, as formas – em poucas palavras, todas as modificações da matéria. É pelo movimento que tudo aquilo que existe se produz, se altera, cresce e se destrói.

> BARÃO DE HOLBACH. *Sistema da natureza*.
> Trad. Regina Schöpke e Mauro Baladi.
> São Paulo: Martins Editora, 2011, pp. 63-5.

Texto 4. Henri Bergson (1859-1941), *A alma e o corpo*

Com efeito, que nos diz a experiência? Ela nos mostra que a vida da alma ou, se se quiser, a vida da consciência, está ligada à vida do corpo, que há solidariedade entre eles e nada mais. Mas este ponto jamais foi contestado, e há uma grande distância entre isto e a afirmação de que o cerebral é o equivalente do mental, que poderíamos ler no cérebro tudo o que se passa na consciência correspondente. Uma vestimenta é solidária do botão que a prende; ela cai se arrancamos os botões; oscila se o botão se move; rasga-se no caso de o botão ser demasiadamente pontudo; disto não se segue que cada detalhe do botão corresponda a um detalhe da roupa, nem que o botão seja o equivalente da roupa; ainda menos, que a roupa e o botão sejam a mesma coisa. Assim, a consciência está incontestavelmente acoplada a um cérebro, mas não resulta de nenhum modo disto que o cérebro desenhe todos os detalhes da consciência, nem que a consciência seja uma função do cérebro. Tudo o que a observação, a experiência e, consequentemente, a ciência nos permitem afirmar é a existência de uma certa *relação* entre cérebro e consciência.

BERGSON, H. *Conferências*. Trad. Franklin Leopoldo e Silva. São Paulo: Abril Cultural, 1979, pp. 86-7 (Coleção Os Pensadores).

EXERCITANDO A REFLEXÃO

1. Alguns exercícios para você compreender melhor o tema:

    1.1. Por que, segundo Epicuro, os cinco sentidos devem ser considerados a fonte segura para o conhecimento?

    1.2. Como Epicuro chega a afirmar que o cosmo é composto por corpos e pelo vazio?

    1.3. Como definir a matéria em termos epicuristas?

    1.4. Por que, segundo o Barão de Holbach, houve, entre os pensadores, uma ignorância da Natureza?

    1.5. Quais as consequências da ignorância da Natureza, em termos cognitivos e éticos, segundo o Barão de Holbach?

    1.6. Como definir matéria e movimento nos termos do Barão de Holbach?

1.7. Como a busca da felicidade é uma ocasião para Agostinho de Hipona superar a postura materialista-corporalista?

1.8. O pensamento de Agostinho de Hipona nega a matéria e a desvaloriza ou a considera apenas um dos elementos da realidade? Haveria outros elementos? Explique com base na exposição feita acima.

1.9. Por que, segundo Santo Agostinho, é um equívoco absolutizar os cinco sentidos e tomá-los como única fonte para o conhecimento?

1.10. Por que se pode dizer que Henri Bergson "entende" o materialismo a partir de dentro dele mesmo? E como ele o faz?

1.11. Por que, de acordo com Bergson, a relação entre matéria e espírito é comumente mal abordada na história da Filosofia?

1.12. Como Henri Bergson escapa ao dualismo realismo-idealismo ou matéria-espírito no tocante à concepção da vida psíquica?

2. Analisando os textos:

2.1. Como, no texto 1, Epicuro explica a realidade e sua estrutura com o conceito de átomo e vazio?

2.2. Em que sentido, conforme o texto 2, a descoberta da via da interioridade foi essencial para Santo Agostinho superar sua fase materialista?

2.3. O que é matéria e qual sua relação com o movimento, segundo o texto 3?

2.4. De acordo com o texto 4, por que a consciência não é uma mera função do cérebro?

3. Algumas questões para você refletir com base no que foi exposto neste volume:

3.1. Como posso demonstrar a existência do mundo exterior distinto da minha consciência? O volume 15 desta coleção, *O sujeito do conhecimento*, pode auxiliá-lo a aprofundar o tema.

3.2. Qual o método ou o caminho mais condizente para analisar a problemática da matéria e do espírito? A Ciência, a Filosofia, a Arte, a Religião?

3.3. Como distinguir o real do imaginário, o estar sonhando com o estar acordado? O volume *Percepção e imaginação*, que faz parte desta coleção, é um ótimo meio para aprofundar a temática!

3.4. Em que sentido podemos dizer que o materialismo acaba levando a uma concepção puramente mecânica dos fenômenos naturais? O que é o mecanicismo? Pesquise!

3.5. Como entender a relação entre consciência e cérebro?

3.6. Quais as semelhanças e diferenças entre a concepção epicurista de átomo e as concepções físicas recentes do átomo e da molécula? Pesquise!

3.7. Que reações o pensamento de Agostinho de Hipona despertou em você? Você crê que seja um autor "apenas" religioso? Há conteúdos filosóficos sob a forma religiosa? É possível distinguir esses aspectos em seu pensamento?

3.8. Que reações o pensamento do Barão de Holbach despertou em você? Suas concepções poderiam ser relacionadas com as experiências científico-filosóficas com máquinas inteligentes em nosso tempo?

3.9. Que reações o pensamento de Henri Bergson despertou em você? Apesar de ele ter vivido no início do século XX e já estar um pouco distante de nós, você vê atualidade em seu pensamento? Justifique.

4. Imagine um debate entre Epicuro, Agostinho de Hipona, o Barão de Holbach e Henri Bergson.

Se você for estudante, pode organizar o debate com seus colegas de classe. Se não for estudante, pode organizá-lo com amigos que leram este volume. Criem um ambiente propício à reflexão e dividam os papéis. Comecem por debater o porquê de cada um desses pensadores ter uma visão diferente sobre quem é o ser humano. Sigam com atenção as questões que se articularão a essa. Vocês podem perguntar-se pelo motivo pelo qual cada um pensa a relação entre cérebro e mente. Há distinção entre ambos? Não há? A partir dessas questões, vocês podem chegar aos fundamentos últimos (essenciais) do debate: o que é o mundo? O que é a Natureza? É o resultado das transformações da matéria? O que é a matéria? Não há nada mais do que matéria na Natureza? Epicuro e o Barão de Holbach responderão afirmativamente a esta última questão, mas Agostinho e Bergson ficarão incomodados e desejarão responder diferentemente. Ouçam suas razões e continuem o debate. Vocês não precisam chegar a um consenso, pois o melhor da atividade filosófica é o caminho, o debate. E isso pode ser feito em mais de um dia, numa verdadeira reflexão que amadurece com a vida!

DICAS DE VIAGEM

Para você continuar sua viagem pelo tema *Matéria e espírito*, sugerimos que assista aos seguintes filmes, tendo em mente a reflexão que fizemos neste livro:
1. *Origens*, documentário, EUA, NOVA/PBS, 2010.
2. *Quem somos nós?* (*What the Bleep do We Know?*), direção de Betsy Chasse, Mark Vicente e William Arntz, EUA, Captured Light/Lord of the Wind, 2005.
3. *Matrix*, direção de Andy e Lana Wachowski, EUA, Warner Bros, 1999.
4. *A origem* (*Inception*), direção de Christopher Nolan, EUA, Warner Bros, 2010.
5. *A árvore da vida* (*The Tree of Life*), direção de Terrence Malick, EUA, Cottonwood Pictures/Plan B/River Road, 2011.
6. *Melancolia* (*Melancholia*), direção de Lars von Trier, Suécia, Zentropa/Memfis, 2011.

LEITURAS RECOMENDADAS

Sugerimos as seguintes leituras para o enriquecimento de sua reflexão:

1. Imediatamente a seguir estão as obras que nos serviram de fundamento para o caminho reflexivo traçado neste volume.

BARÃO DE HOLBACH. *Sistema da natureza*. Trad. Regina Schöpke e Mauro Baladi. São Paulo: Martins Editora, 2011.
Nesse livro encontramos uma das explicações e defesas mais bem articuladas e estruturadas do pensamento materialista na história da Filosofia.
BERGSON, H. *Matéria e memória*. Trad. Paulo Neves. São Paulo: Martins Fontes, 1999.
Nessa obra, que colaborou muito para projetar Bergson na cena social e filosófica francesa e mundial, encontramos o modo como ele pensou a relação do corpo com

o espírito, discutindo as dificuldades do realismo, do idealismo e do dualismo.

EPICURO. *Antologia de textos*. Trad. Agostinho da Silva. São Paulo: Abril Cultural, 1973. Coleção Os Pensadores.

Nesse volume da Coleção Os Pensadores (Abril Cultural), encontramos vários trechos de textos de Epicuro, contendo seu modo de entender a Filosofia, a Física, o conhecimento e a Ética.

SANTO AGOSTINHO. *Confissões*. Trad. Arnaldo do Espírito Santo, João Beato, Maria Cristina Castro-Maia de Sousa Pimentel. Lisboa: Imprensa Nacional & Casa da Moeda, 2004.

Uma das obras mais férteis e conhecidas do pensamento ocidental, as Confissões *nos mostram a trajetória de Agostinho de Hipona, desde sua infância até seu reencontro maduro com a fé cristã, indicando como ele se afastou de um pensamento materialista ou corporalista, constituindo, a partir de um novo referencial teórico, uma nova Filosofia. Não se trata de pensar numa catequização da Filosofia, mas numa concepção que desconstrói as outras formas filosóficas e lança as bases de uma verdadeira Filosofia religiosa.*

——. *A vida feliz*. Trad. Nair Assis de Oliveira. São Paulo: Paulus, 2003.

Nessa obra curta e densa, Agostinho aborda o tema do desejo e da busca universal da felicidade, apresentando a Filosofia como meio apropriado para chegar a ela, por ser a forma de conhecimento que leva ao Bem imperecível, eterno e imutável.

2. Também sugerimos as seguintes obras, de caráter geral, que certamente auxiliarão você no aprofundamento da reflexão sobre o tema da definição e das relações de matéria e espírito:

ARAÚJO, R. J. *O materialismo radical de Holbach e a Química moderna*. Belo Horizonte: Departamento de História da UFMG, 2006. Dissertação de Mestrado.
O autor apresenta o pensamento do Barão de Holbach, fundamentalmente a partir da obra O sistema da Natureza, *a fim de estudar a contribuição do materialismo do século XVIII ao surgimento da Química moderna. Texto disponível em: http://dspace.lcc.ufmg.br/dspace/ bitstream/1843/EQMA-6UFJGG/1/Disserta%C3% A7%C3%A3o-V-8-2006-final.pdf*

BRANCAGLION JÚNIOR, A. *Tempo, matéria e permanência*. Rio de Janeiro: Casa da Palavra, 2002.

Instigante estudo sobre a arte egípcia em que se apresenta uma concepção da temporalidade e da materialidade diferente daquela a que estamos habituados no pensamento ocidental. A matéria é vista como a fonte de estabilidade necessária para a manifestação da vida, desafiando a transitoriedade do tempo.

GIGANDET, A. e MOREL, P.-M. (orgs.). *Ler Epicuro e os epicuristas*. São Paulo: Loyola, 2011.

Com a colaboração de vários especialistas no pensamento de Epicuro, esse livro apresenta os diversos aspectos da Filosofia epicurista como: a Física, o Conhecimento, a Ética etc.

GILSON, E. *Introdução ao estudo de Santo Agostinho*. Trad. Cristiane Negreiros Abbud Ayoub. São Paulo: Discurso, 2007.

Obra clássica em que o pensador francês Etienne Gilson faz uma apresentação de conjunto do pensamento de Santo Agostinho. Nela, o leitor pode encontrar a maioria dos temas tratados pelo bispo de Hipona.

JONAS, H. *Matéria, espírito e criação. Dados cosmológicos*. Trad. Wendell Evangelista Soares Lopes. Petrópolis: Vozes, 2010.

O pensador Hans Jonas procura resgatar a "dignidade" da Filosofia por meio do restabelecimento de sua vocação a pesquisar o ser da Natureza e a natureza do ser.

STEIGER, A. *Compreender a história da vida – Do átomo ao pensamento humano*. Trad. Benôni Lemos. São Paulo: Paulus, 1998.

O livro estuda, de uma perspectiva científica, as noções de matéria, vida, liberdade, amor, consciência, morte, deuses, tempo e futuro, sempre partindo da história dessas noções e chegando a formulações contemporâneas.

VIEILLARD-BARON, J.-L. *Compreender Bergson*. Petrópolis: Vozes, 2007.

Obra de introdução ao pensamento de Bergson, com apresentação de sua vida e de seu impacto na história da Filosofia, principalmente pelo viés da unidade da vida, que só pode ser captada de maneira também vital e não por uma inteligência que cinde a realidade.

VV.AA. *Tempo-matéria*. Rio de Janeiro: Contra Capa, 2010.

O livro é o resultado dos estudos de cinco artistas e um professor de história da Arte, com financiamento da Faperj, sobre a articulação entre teoria e prática, na arte, em torno da experiência do tempo na sociedade contemporânea.

3. Para uma aplicação da problemática das relações entre matéria e espírito ao tema da vida psíquica, sugerimos:

BEAUREGARD, M. e O'LEARY, D. *O cérebro espiritual*. Trad. Alda Porto. Rio de Janeiro: Best Seller, 2010.

O neurocientista canadense Mario Beauregard adota a mesma abordagem experimental e mecanicista da vida psíquica para entender como o cérebro processa vivências religiosas e espirituais. Suas conclusões vão na contramão da maioria dos neurocientistas, que limitam a experiência religiosa a um artefato cerebral, patologia ou peculiaridade evolucionista.

CHURCHLAND, P. M. *Matéria e consciência. Uma introdução contemporânea à filosofia da mente*. São Paulo: Unesp, 2004.

Compêndio de introdução à filosofia da mente em vertente cognitiva, extraindo os impactos dessa abordagem em temas ontológicos, epistemológicos e éticos.

HORGAN, J. *A mente desconhecida – Por que a ciência não consegue replicar, medicar e explicar o cérebro humano*. Trad. Laura Teixeira Motta. São Paulo: Companhia das Letras, 2002.

O autor é um respeitado jornalista científico dos Estados Unidos que analisa as principais linhas de pesquisa da ciência da mente (neurociência, genética comportamental, Psicanálise, psicologia evolucionista, engenharia da inte-

ligência etc.), tirando a conclusão desconcertante de que estamos longe de decifrar o enigma da mente humana.

NICOLELIS, M. *Muito além do nosso eu*. Trad. do autor. São Paulo: Companhia das Letras, 2011.

O autor é um respeitado cientista brasileiro que está à frente do laboratório de engenharia cerebral na Universidade Duke, nos Estados Unidos. Nessa obra, apresenta resultados de algumas de suas pesquisas mais impactantes em torno da conexão entre cérebro e máquina.

PINKER, S. *Como a mente funciona*. Trad. Laura Teixeira Motta. São Paulo: Companhia das Letras, 2002.

O autor é considerado um dos mais importantes cientistas cognitivos da atualidade. Nessa obra, em estilo mais acessível, procura explicar a mente humana a partir da teoria da evolução das espécies, de Darwin, e da moderna ciência cognitiva, concebendo a vida psíquica como um conjunto de mecanismos.

SACKS, O. *Um antropólogo em Marte*. Trad. Bernardo Carvalho. São Paulo: Companhia das Letras, 1995.

Livro muito instigante no qual o autor, neurologista, recolhe uma série de relatos em que pessoas sofreram acidentes que atingiram o cérebro ou possuem "más formações" e, no entanto, seu organismo readaptou-se às novas condições, produzindo uma vida mental intei-

ramente saudável. Há, por exemplo, o relato de um pintor que, depois de um acidente de automóvel, passou a ver o mundo em escalas de cinza, sem, por isso, deixar a pintura. Há também o relato de uma pessoa que sofre da síndrome de La Tourette e, no entanto, tornou-se um dos melhores neurocirurgiões dos Estados Unidos, além de ser piloto de avião nas horas livres.